Manuel da Nóbrega

Testemunha de um Brasil nascente

Coleção Jesuítas | Volume 15

Texto Original

Guilherme Kaique, SJ

Título Original:
Manuel da Nóbrega: testemunha de um Brasil nascente
Este volume foi inspirado no livro *Manuel da Nóbrega - o enamorado do Brasil*, do Pe. Luis Gonzalez-Quevedo, SJ
© Copyright da versão original

Autor:
Guilherme Kaique Guimarães, SJ

Grupo de Trabalho:
Clara Mabeli Bezerra Baptista
Ir. Ubiratan Oliveira Costa, SJ
Julio César Minga Tonetti
Larissa Barreiros Gomes

Capa e Diagramação:
Elionardo José Barros de Azevedo
Rodrigo Souza Silva

Coordenador do Programa MAGIS Brasil:
Pe. Jean Fabio Santana, SJ

Programa MAGIS Brasil
Rua Apinajés, 2033 - Sumarezinho
01258-001 São Paulo, SP
T 55 11 3862-0342
juventude@jesuitasbrasil.org.br
vocacao@jesuitasbrasil.org.br
www.facebook.com/vocacoesjesuitas
www.magisbrasil.com

Edições Loyola Jesuítas
Rua 1822, 341 - Ipiranga
04216-000 São Paulo, SP
T 55 11 3385-8500/8501 • 2063-4275
editorial@loyola.com.br
vendas@loyola.com.br
www.loyola.com.br

Todos os direitos reservados. Nenhuma parte desta obra pode ser reproduzida ou transmitida por qualquer forma e/ou quaisquer meios (eletrônico ou mecânico, incluindo fotocópia e gravação) ou arquivada em qualquer sistema ou banco de dados sem permissão escrita da Editora.

ISBN 978-65-5504-136-1

© EDIÇÕES LOYOLA, São Paulo, Brasil, 2021

103024

Apresentação

O Programa MAGIS Brasil – Eixo Vocações – traz uma nova edição revista, atualizada e ampliada da Coleção JESUÍTAS, destinada especialmente aos jovens que estão em processo de discernimento vocacional. Este trabalho teve início com o Pe. Jonas Elias Caprini, SJ, no período em que assumiu a coordenação do Programa e o secretariado para Juventude e Vocações da Província dos Jesuítas do Brasil – BRA. Agradecemos a ele a dedicação nesta tarefa, que será continuada com o mesmo cuidado e zelo.

A Coleção JESUÍTAS apresenta a história de grandes jesuítas cujas vidas são para todos inspiração na busca contínua ao que Deus quer para cada um.

Foi lançada em 1987, pela Editora Reus, contendo inicialmente sete volumes, cada um com a história de um santo jesuíta.

Verificando a necessidade de atualizar os materiais vocacionais existentes, o serviço de animação vocacional da Companhia de Jesus apresenta uma nova edição, acrescida de roteiros de oração e demais notas com escritos do próprio jesuíta, textos da Companhia de Jesus e outros comentários e provocações que ajudam a rezar em tempo de discernimento.

As biografias apresentadas nesta coleção são sinais de vidas consagradas ao serviço do Reino. Ajudam-nos a refletir a nossa própria história e a construir um caminho de santidade, guiado pelo projeto de vida à luz da fé cristã, como afirma o Papa Francisco na Exortação Apostólica *Gaudete et Exsultate*, n. 11:

Há testemunhos que são úteis para nos estimular e motivar, mas não para procurarmos copiá-los, porque isso poderia até afastar-nos do caminho, único e específico, que o Senhor predispôs para nós. Importante é que cada crente discirna o seu próprio caminho e traga à luz o melhor de si mesmo, quanto Deus colocou nele de muito pessoal (cf. 1 Cor 12, 7), e não se esgote procurando imitar algo que não foi pensado para ele.

Desejamos que essa leitura orante nos motive e nos provoque a viver também para Cristo e que o discernimento vocacional seja um contínuo proceder de todos os jovens que estão abertos para ouvir, acolher e responder os apelos do Senhor da Messe. Boa leitura e oração a todos!

Pe. Jean Fábio Santana, SJ
Secretário para Juventude e Vocações
da Província dos Jesuítas do Brasil - BRA

PADRE MANUEL DA NÓBREGA

Manuel da Nóbrega

Um exercício muito difícil, quase impossível, é narrar a vida do Pe. Manuel da Nóbrega sem contar parte da história da formação do Brasil. Isso porque Nóbrega chegou muito cedo ao "Novo Mundo" e esteve presente em momentos muito importantes da história do nosso país. As principais cidades do Brasil contaram com sua presença na fundação ou até foram fundadas por ele e os companheiros jesuítas que o acompanhavam. Sem contar que o Pe. Nóbrega lança as sementes da evangelização em nosso país. Isso tudo faz dele uma *testemunha de um Brasil nascente.*

1. Nascimento

Manuel da Nóbrega nasceu a 18 de outubro de 1517, em Portugal. Estamos nas grandes navegações e Portugal é uma potência mundial. Seus navios cruzam os mares e chegam em todo o mundo. Os portugueses estão nas Índias, na China e no recém encontrado Brasil.

É difícil dizer em qual região de Portugal nasceu e cresceu Nóbrega, mas é provável que seja na região norte, pois, ao ano de 1532, seu pai, Baltazar da Nó-

brega, era juiz na cidade do Porto. Portanto, o pequeno Manuel cresceu em uma família com destaque na sociedade portuguesa.

Aos 17 anos, Manuel da Nóbrega foi enviado a Salamanca, na Espanha, para estudar. Cursou Filosofia e Direito Canônico, anos depois transferiu-se para Coimbra para continuar seus estudos. Era um jovem honesto e inteligente e, mesmo que de família importante, era humilde e austero em seu modo de vida. Contudo, possuía uma particularidade: era muito gago. Não sofria com isso, mas por vezes o atrapalhava.

Em junho de 1541, Nóbrega alcança o grau de Bacharel em Direito Canônico. Seus mestres e professores o estimavam muito. Assim disse seu professor, Dr. Martín de Azpilcueta Navarro: "O doutíssimo[1] Padre Manuel da Nóbrega, ilustre por sua ciência, virtude e linhagem".

Terminando os estudos de Teologia, Nóbrega foi ordenado sacerdote. Queria muito dar aulas, mas, por causa da gagueira, não conseguiu passar nos testes que exigiam clareza na oratória. Não sabia ele, mas seu futuro estava guardado no Brasil.

2. Entrada na Companhia de Jesus

Naquela época, a Companhia de Jesus nascente já ganhava fama. Cada vez mais se juntavam mais membros à nova Ordem Religiosa. Diogo de Gouveia, um português, reitor da universidade de Paris, escreveu uma carta ao Rei D. João III em que falava dos jesuítas: "Jovens, entusiastas, cheios de fé e de cultura, fazem grande fruto apostólico. São todos sacerdotes de vida exemplar e letrados, que não exigem retribuição alguma. Apenas dependem da vontade do Papa, pois

---

1 *Diz-se de alguém muito instruído; erudito; que possui um conhecimento excessivo sobre uma ou muitas coisas.*

fazem voto de ir aonde o Romano Pontífice os enviar. Se Vossa Alteza conseguir estes homens para irem à Índia, seria um bem inestimável, pois não há homens mais aptos para converter toda a Índia".

Ao saber disso, o Rei ficou muito animado com a ideia desses novos padres com imenso ardor missionário. Escreveu ao papa pedindo que enviasse os jesuítas a Portugal e à Índia. O Papa, por sua vez, pediu a Inácio de Loyola, fundador da Companhia, que enviasse jesuítas a Portugal. Dos dez primeiros jesuítas, Inácio enviou dois a Portugal: Francisco Xavier, que depois seguiu viagem às Índias, e Simão Rodrigues, português, que ficou no país e fundou a Província dos Jesuítas de Portugal, a primeira da Companhia de Jesus. Simão

Rodrigues abriu o Colégio dos Jesuítas em Coimbra, que funcionava também como atrativo para novas vocações para a Companhia.

Em 1544, Manuel da Nóbrega se apresenta em Coimbra a Simão Rodrigues e pede para entrar na Companhia. Mestre Simão olha bem para Nóbrega e questiona-o: "Que buscas, que esperas encontrar na nossa Companhia?". Ao que este responde: "Quero seguir unicamente a Jesus Crucificado". Depois dessa resposta convicta e entusiasmada, Simão Rodrigues admite o Padre Manuel à Companhia. Assim Nóbrega começa o noviciado, primeira etapa de formação na Companhia de Jesus.

Manuel da Nóbrega tinha grande apreço pelos mais pobres e marginalizados, por isso, uma de suas primeiras missões na Companhia, depois do noviciado, foi a de "Procurador dos Pobres", onde defendia viúvas, órfãos, enfermos e encarcerados. Pelos seus conhecimentos jurídicos, prestava auxílio como advogado dos que não podiam pagar.

Momento de Oração

- *"Que buscas, que esperas encontrar na nossa Companhia?"*

- *"Quero seguir unicamente a Jesus Crucificado".*

Nem sempre conseguimos responder a uma pergunta como essa com tal convicção e certeza. Porém, ver e ouvir exemplos desses pode nos questionar sobre como vamos respondendo ao chamado que o Senhor faz em nossas vidas.

- **Pedido de Graça:** *Senhor, ajuda-me a ouvir e responder a Teu chamado com ânimo e generosidade.*

- **Texto bíblico:** *Mt 16, 24-26.*

- **Provocações:**

  - *Para seguir a Jesus Crucificado é necessário renunciar muitas coisas. O que tenho que renunciar?*

  - *O que não me ajuda a alcançar o fim para o que fui criado?*

  - *O que posso aprender com Jesus nesse caminho de seguimento?*

Notas

Carta do Pe. Manuel da Nóbrega ao Pe. Simão Rodrigues, em março de 1549

"Chegamos a esta Bahia aos 29 dias do mês de março de 1549. Gastamos na viagem oito semanas. Achamos a terra em paz. Quarenta ou cinquenta moradores da população receberam-nos com grande alegria. Achamos uma espécie de igreja (ou capela), junto da qual nos aposentamos, os padres e os irmãos em uma casa a par dela, que não foi pouca consolação para nós para dizermos Missa e confessarmos. E nisso nos ocupamos agora.

Confessa-se toda a gente da armada, digo a que vinha nos outros navios, porque os nossos determinamos de os confessar na nau. (...) Eu (Nóbrega) prego ao Governador e à sua gente, na nova cidade que se começa (Salvador), e o Pe. Navarro à gente da terra. Espero em Nosso Senhor fazer-se fruto. O Irmão Vicente Rijo ensina a doutrina aos meninos cada dia e também tem escola de ler e escrever; parece-me bom modo este para trazer os índios[2] desta terra, os quais têm grandes desejos de aprender e, perguntados se querem, mostram grandes desejos."

---

2 Atualmente, a expressão "índio" tem sido rejeitada pelas comunidades indígenas por assumir um caráter pejorativo. Tem-se preferido utilizar a expressão "indígena". Mantivemos, porém, a citação fiel à fonte original e à expressão que foi utilizada na época e contexto em que foi dita.

3. Novo mundo - Missão para o Brasil

Como dissemos, é difícil narrar a história de Nóbrega sem contar parte da história do Brasil. É assim para chegarmos nos primeiros jesuítas que vieram para essas terras. Quando os primeiros portugueses chegaram aqui em 1500, na esquadra de Pedro Álvares Cabral, havia apenas alguns freis franciscanos junto deles, que, por sua vez, partiram quando as caravelas de Cabral seguiram para as Índias. Depois, com o intuito de povoar a nova colônia e manter certa administração, em 1534, o Rei D. João III divide o Brasil em porções de terra do litoral até a linha imaginária do Tratado de Tordesilhas, criando, assim, as Capitanias Hereditárias, entregues a donatários de confiança do Rei. Só aqui temos o primeiro padre que, de fato, vem morar no Brasil, o Padre Gonçalo Monteiro, que se fixa na Capitania de São Vicente.

Com o declínio das Capitanias por falta de recursos e má administração, o Rei D. João decide estabelecer um governo geral no Brasil. Envia, então, o primeiro governador geral, Tomé de Souza. A frota do governador, com oito navios, chega ao Brasil em 1549 com mais de mil homens. Destes, 400 eram "degredados" (condenados ao exílio pela justiça portuguesa), outros

muitos eram soldados e pessoas de confiança do Rei. Junto dessa expedição, por expresso desejo do Rei, vieram os primeiros missionários jesuítas, eram seis:

- Pe. Manuel da Nóbrega, superior da expedição, aos 32 anos de idade e apenas quatro de vida religiosa.

- Pe. Leonardo Nunes, que seria o Apóstolo de São Vicente. Morreu em 1554, vítima de um naufrágio.

- Pe. João Azpilcueta Navarro, primo de São Francisco Xavier. Foi o primeiro jesuíta a falar a língua tupi. Morreu também cedo (1557).

- Pe. Antônio Pires, homem prático, que pedia, numa carta a Portugal, ferramentas de carpinteiro. Faleceu depois de Nóbrega (1572).

- Ir. Vicente Rodrigues, que abriu "escola de ler e escrever". Faleceu no ano de 1600.

- Ir. Diogo Jácome, que morreria de "peste" (varíola), em 1565.

Nóbrega encontrou um Brasil como uma criança que aprende a engatinhar. Não havia cidades, mas vilas e pequenos povoados. Sua missão era fazer contato e servir aos indígenas que aí estavam. A língua era o primeiro e maior obstáculo. A famosa carta de Pero Vaz de Caminha, que descreve o Brasil que Cabral e sua esquadra encontraram, por muitas vezes é comparada com as cartas iniciais de Nóbrega aos superiores da ordem em Portugal.

4. A catequese para os indígenas

Os primeiros jesuítas se dedicaram inteiramente à evangelização e catequese dos indígenas. Eles observavam os hábitos e as práticas do "homem branco", o que à primeira vista parecia facilitar o trabalho. Assim escreve Nóbrega: "Todos eles que tratam conosco dizem que querem ser como nós. Muito se admiram de como sabemos ler e escrever e têm grande vontade de aprender e desejam ser cristãos como nós. Se ouvem tanger à Missa, já acodem e quanto nos veem fazer, fazem também. Muito espantados de nossos ofícios divinos, estão na igreja, sem ninguém lhes ensinar, mais devotos que os nossos cristãos".

Notas

Carta do Pe. Manuel da Nóbrega
aos Padres e Irmãos de Coimbra
em agosto de 1549.

Admirado com o estilo de vida dos indígenas, Nóbrega escreve:

"E em muitas coisas guardam a lei natural. Nenhuma coisa própria têm que não seja comum, e o que um tem há de repartir com os outros, principalmente se são coisas de comer, das quais nenhuma coisa guardam para outro dia, nem curam de entesourar riquezas. A suas filhas nenhuma coisa dão em casamento, antes os genros ficam obrigados a servir a seus sogros. Qualquer cristão que entre em suas casas dão-lhe a comer do que têm e uma rede lavada em que durma. São castas as mulheres a seus maridos."

Porém, o trabalho se mostraria mais difícil considerando a organização da vida indígena. A maioria dos povos do local era naturalmente nômade e sem vínculos sociais sólidos com o lugar físico. Sem terem moradia certa, eles mudavam a aldeia de lugar de acordo com os recursos e o clima. Isso dificultava o trabalho dos missionários. O Padre Navarro escreve a Nóbrega, dizendo: "Não têm rei a quem obedeçam, nem moradia certa, mudando-se de aldeia todos os anos e às vezes mais frequentemente, de modo que, repetidas vezes, nos lugares em que prego, acontece-me não encontrar aqueles em quem mais confiava".

Com essa dificuldade, Nóbrega decide investir na educação dos "curumins", as crianças indígenas, por serem ainda novos e serem os homens do futuro, responsáveis pela aldeia. Com essa decisão, ganha ainda mais força a escola de ler e escrever do Irmão Vicente e Nóbrega decide, então, fundar um colégio em Salvador.

Colégio dos Jesuítas da Bahia, fundado em 1553 pelo Pe. Manuel da Nóbrega – Atual catedral da Arquidiocese de Salvador

5. Fundador de cidades

Nóbrega esteve presente na fundação das principais cidades da América Portuguesa: Salvador, Rio de Janeiro e São Paulo. O marco de fundação da cidade de Salvador é a data de chegada do Governador Geral, Tomé de Souza, mesma data em que os primeiros missionários jesuítas, sendo Nóbrega seu superior, chegaram ao Brasil.

O Governador e os padres deram início à construção da cidade. Os moradores, os indígenas e até mesmo Tomé de Souza carregavam os materiais para a construção das casas. Em quatro meses foram construídas cerca de cem casas da cadeia - com salas de audiência e câmara -, casa da fazenda, alfândega, armazéns e ferrarias: "tudo de pedra e barro, rebocados de cal, e telhado de telha". A ordem do Rei era que a nova cidade fosse uma fortaleza para defender a terra de piratas e dos ataques de outros povos indígenas.

Os jesuítas também trabalharam construindo sua primeira igreja na cidade. Feita de taipa coberta com palha, foi a primeira igreja da Bahia, servindo depois de catedral para a fundação da Arquidiocese de Salvador, a primeira do Brasil.

Essa primeira igreja dos jesuítas hoje é a Igreja da Ajuda, que passou por muitas reformas, não conservando quase nada da construção original.

Em 1550, chega à Bahia a segunda expedição de jesuítas ao Brasil. São quatro padres:

- Pe. Manuel de Paiva, homem robusto e de grandes forças, que a nenhum trabalho se negava.
- Pe. Afonso Brás, bom carpinteiro e "arquiteto", sem ter estudado.
- Pe. Francisco Pires, com experiência de trabalho com crianças.
- Pe. Salvador Rodrigues, que atrairá as crianças indígenas com o canto e a dança.

Anos mais tarde, Manuel da Nóbrega enviou alguns desses companheiros em missão para o sul do país, chegando eles à capitania de São Vicente e estabelecendo-se aí.

O Padre Francisco Pires funda um Colégio na capitania, com o diferencial de educar os meninos, a maioria filhos de indígenas, com canto e música.

Em 1553, chega ao Brasil a terceira expedição de jesuítas e, nessa viagem, chega ao país José de Anchieta. Na véspera de Natal, o Ir. José de Anchieta e seus companheiros João Gonçalves, Gregório Serrão e o Pe. Afonso Brás chegam a São Vicente, onde está Nóbrega.

Era desejo do Padre Manuel da Nóbrega transferir o colégio fundado pelo Padre Pires mais para o interior da capitania, para afastar os indígenas dos brancos e cumprir com mais eficácia sua missão. Por isso, enviou uma expedição para o interior com a intenção de encontrar um lugar para o novo colégio. Encontraram um lugar em uma região chamada pelos indígenas de Campo de Piratininga, roçaram o mato e abriram espaço para uma espécie de sítio para a construção do novo Colégio.

Na festa da Conversão de São Paulo, em 25 de janeiro, o Pe. Manuel da Nóbrega preside a missa de fundação do Colégio. Com isso, mesmo sem saber, Nóbrega também funda a cidade de São Paulo. Esse Colégio, hoje o Pateo do Collegio em São Paulo, foi construído próximo à aldeia e fomentou a entrada dos brancos para o interior e contribuiu com a educação dos indígenas, desenvolvendo assim a nova cidade.

Momento de Oração

"Ide pelo mundo inteiro..."

Depois de ter deixado Portugal, Nóbrega nunca mais voltou. Fez do Brasil sua casa e dos indígenas seu povo. Construiu cidades e semeou o Evangelho em nossas terras. Certamente ele ouviu a voz de Jesus que nos dá esse mandato: "Ide pelo mundo inteiro e anunciai o Evangelho a toda criatura!"

- **Pedido de Graça:** *Senhor, dai-me a graça de conhecê-lo internamente para que eu mais o ame e o siga [EE 104].*

- **Texto bíblico:** *Mc 16, 15-18.*

- **Provocações:**
  - *Estou disposto a atender o chamado de Jesus?*
  - *Confio que Ele estará sempre comigo?*
  - *O que estou disposto a construir pelo Reino de Deus?*

Nóbrega também esteve presente na fundação da cidade do Rio de Janeiro. Na época, havia muitos franceses não católicos na região do Rio, o que, para Nóbrega, comprometia a unidade religiosa do país.

Quando em 1564 chegou a Salvador o Capitão-Mor Estácio de Sá com sua armada, Nóbrega convenceu-os a virem para São Vicente a fim de prepararem uma investida no território do futuro Rio de Janeiro, tomado por franceses. Pregou por dias diante de Estácio e, por outro lado, convence os indígenas tupis convertidos a também entrarem na batalha.

Em 1565, Anchieta é enviado a Salvador para ser ordenado e retorna com a armada de Estácio de Sá, desembarcando na baía de Guanabara. Quase dois anos depois, em 1567, vem ao Rio o novo Governador Geral, Mem de Sá, o novo bispo D. Pedro Leitão e mais alguns padres, entre eles, Inácio de Azevedo, visitador dos jesuítas. É quando acontece a batalha final contra os franceses. A batalha era desleal, havendo mais franceses, que tinham ganhado apoio dos indígenas tamoios, que portugueses. Nessa ocasião, Estácio é ferido mortalmente, encerrando assim a batalha. Após a batalha, o Governador Geral funda a cidade do Rio de Janeiro. Muitos consideram o Padre Manuel da Nóbrega como o verdadeiro fundador, por suas pregações e por ter convencido a Estácio de Sá, mas, contudo, podemos considerá-lo uma forte influência para todo esse processo.

Fundação do Rio de Janeiro

6. José de Anchieta

Como já dissemos, José de Anchieta chega ao Brasil na terceira expedição dos jesuítas enviados em missão. Porém, Anchieta, junto com Nóbrega, exerce um papel muito importante na história do Brasil e na atuação da Companhia de Jesus nessas terras.

José de Anchieta chega ao Brasil ainda como irmão. No início da Companhia, os estudantes que ainda não tinham sido ordenados eram chamados de irmãos. Anchieta nasceu nas Ilhas Canárias e estudou 4 anos no Colégio de Coimbra. Aos 19 anos é enviado para o Brasil para cuidar de sua saúde e terminar os estudos. Recém-chegado, vai diretamente à Capitania de São Vicente.

No dia 9 de julho de 1553, Inácio de Loyola, então Superior Geral dos jesuítas, nomeia o Pe. Manuel da Nóbrega como primeiro Superior Provincial da Companhia de Jesus no Brasil. Nóbrega, por sua vez, nomeia Anchieta como seu secretário.

Anchieta foi homem muito inteligente e, segundo o que ele mesmo escreve, o clima do Brasil o ajudou a recuperar a saúde muito bem. Anchieta aprendeu rápido a língua tupi, escrevendo, mais adiante, até uma

Gramática da língua Brasílica. Juntos, Nóbrega e Anchieta avançaram com a catequização e evangelização das populações indígenas no Colégio de São Paulo.

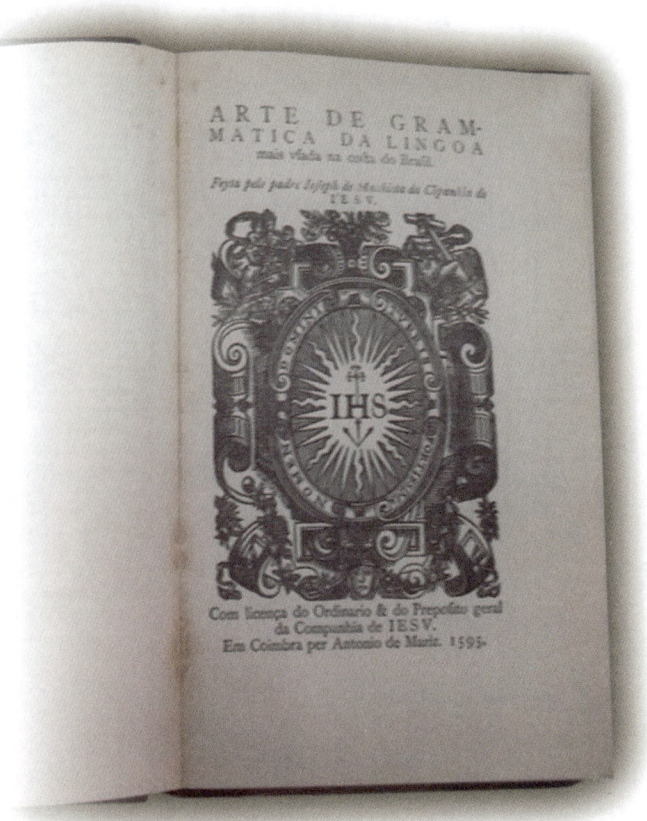

Momento de Oração

Um dos maiores tesouros da espiritualidade inaciana, os Exercícios Espirituais, inspirou a vida e as ações de Manuel da Nóbrega como hoje inspira a vida e as ações de tantos homens e mulheres espalhados pelo mundo todo. Algo muito importante desta mística que compartilhamos é a adaptação à diversidade de tempos, lugares e pessoas. Cada contexto social e histórico possui suas exigências e necessidades que devem ser lidas à luz do Evangelho.

Sem deixar de reconhecer o importante legado que Manuel da Nóbrega e tantos outros missionários deixaram para o nosso povo, saindo de suas terras para viver de maneira austera junto aos desprotegidos, queremos convidar, neste momento de oração, a rezarmos, de modo especial, a vida e as lutas dos povos indígenas de nosso tempo, que frequentemente são ameaçadas.

Durante sua conversa com Deus, lembre-se de algo que Papa Francisco, pastor do nosso tempo, nos afirma: "o Evangelho deve inculturar-se, porque os povos recebem o anúncio de Jesus com sua própria cultura".

- **Pedido de Graça:** *Senhor, envia-me teu Espírito para discernir o que me pede o tempo em que vivo.*

- **Texto bíblico:** *Ecl 3, 1-11.*

- **Provocações:**

- *Quais sinais o tempo atual me apresenta?*

- *Em quais lugares e ao lado de quais pessoas deste tempo sinto que Deus me chama a estar? Como sinto que deve ser minha presença nestes lugares e ao lado dessas pessoas?*

- *Como a vida e o testemunho de Nóbrega, em seu tempo, inspiram minha vida e testemunho em meu tempo?*

7. Últimos dias

Nóbrega gastou seus últimos dias do mesmo jeito que trabalhou toda a vida. Pregando, ouvindo confissões, ensinando aos indígenas... até que foi acometido por uma doença. Mesmo debilitado, não parou de trabalhar.

Chegou ao Brasil com 32 anos e morreu com 53. Foram vinte e um anos de serviço fiel e decidido a um Brasil que iniciava sua história. Não sabia que, com esses gestos simples, também ele entrava para a história.

Na manhã do dia 18 de outubro de 1570, falece no Rio de Janeiro. Nóbrega pressentia, ou revelava-se para ele, o dia de sua morte. Dois dias antes, saiu de casa e visitou os amigos, despedindo-se deles, como quem vai fazer uma viagem. Nóbrega dizia: "A minha viagem é para a pátria celeste. Fizeram-me notar que não havia embarcação para o céu".

Na véspera, celebrou a Eucaristia, confessou-se, falou muito de Deus, abraçou e abençoou os companheiros. No dia de São Lucas (18 de outubro), recebeu a Unção dos Enfermos e disse: "Bendito sejais para sempre, Senhor, que marcastes de antemão este dia para a minha morte e me destes a perseverança na minha religião até esta hora". Foi sepultado na igreja do Colégio que ele mesmo fundara.

Que Nóbrega, com seu exemplo de missionário, possa nos inspirar cada dia mais a ser testemunhas de Jesus onde estamos e com quem vivemos, fazendo-nos sempre e cada vez melhores discípulos d'Ele.

Momento de Oração

Chegando ao fim da leitura da vida do Pe. Manuel da Nóbrega, faça um pequeno exercício de recolhimento dos frutos, atendo-se aos movimentos interiores que você sentiu mais fortemente enquanto lia essa biografia. Não se esqueça de anotar tudo em seu diário espiritual e procurar o seu acompanhante vocacional para partilhar o que experimentou.

- *Quais os sentimentos e atitudes de Manuel da Nóbrega que mais me impressionam? Sinto-me identificado com eles? Quais eu desejaria ter?*

- *No que minha vida e vocação se parecem com a do Pe. Manuel da Nóbrega?*

- *No que a vida de Nóbrega me inspira, em minha caminhada vocacional?*

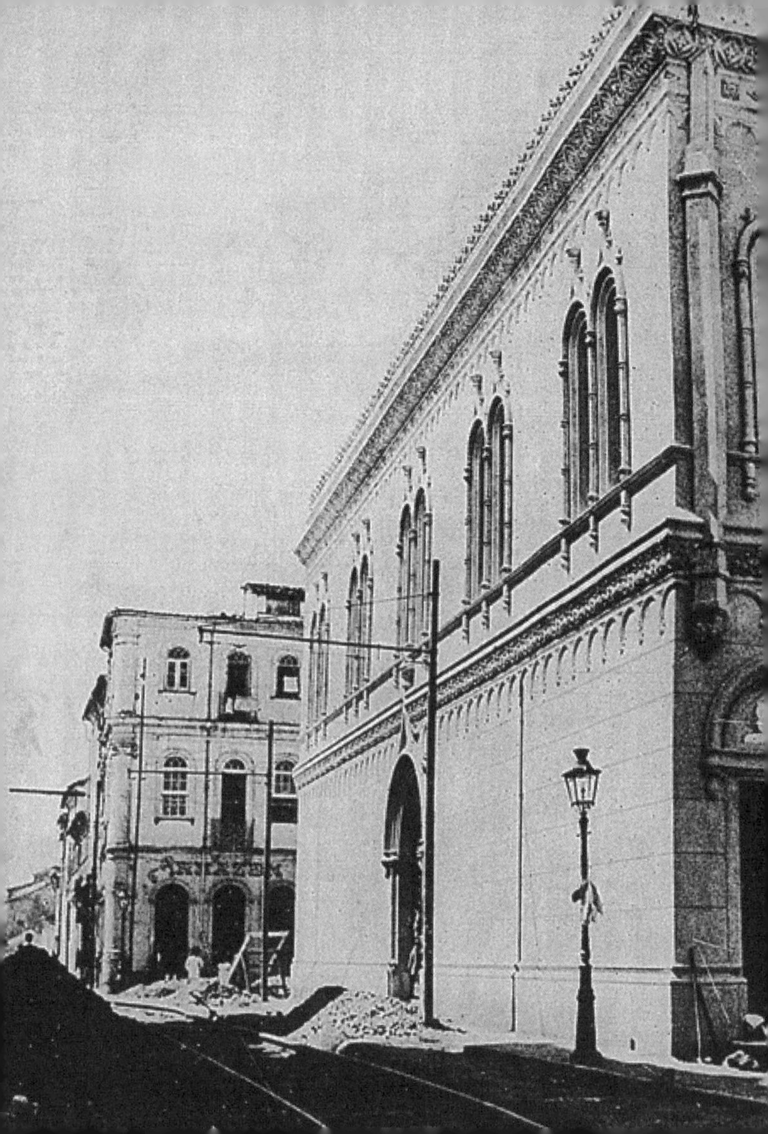

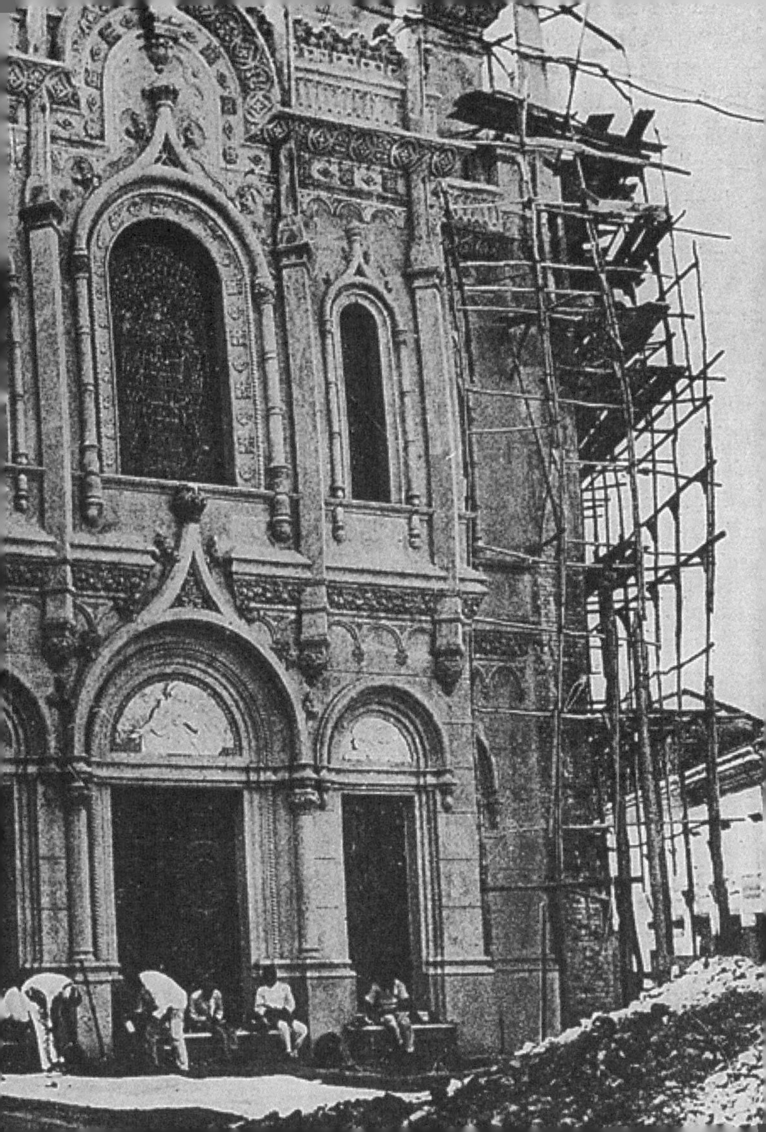

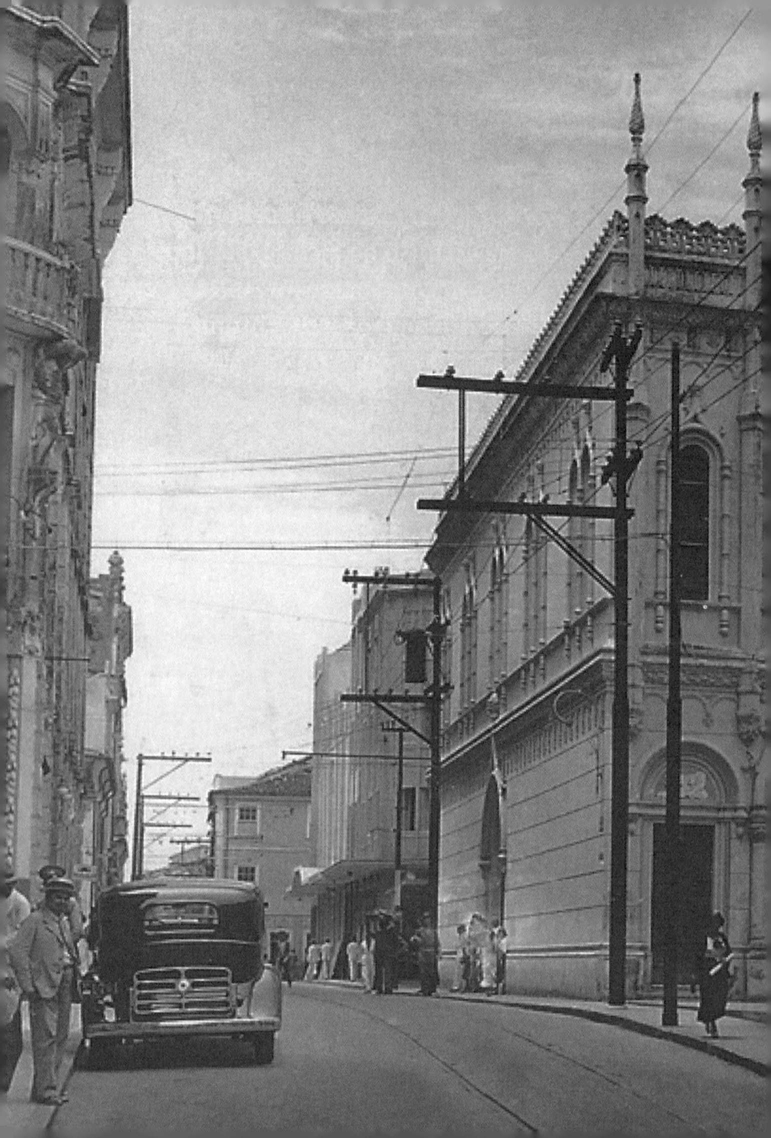

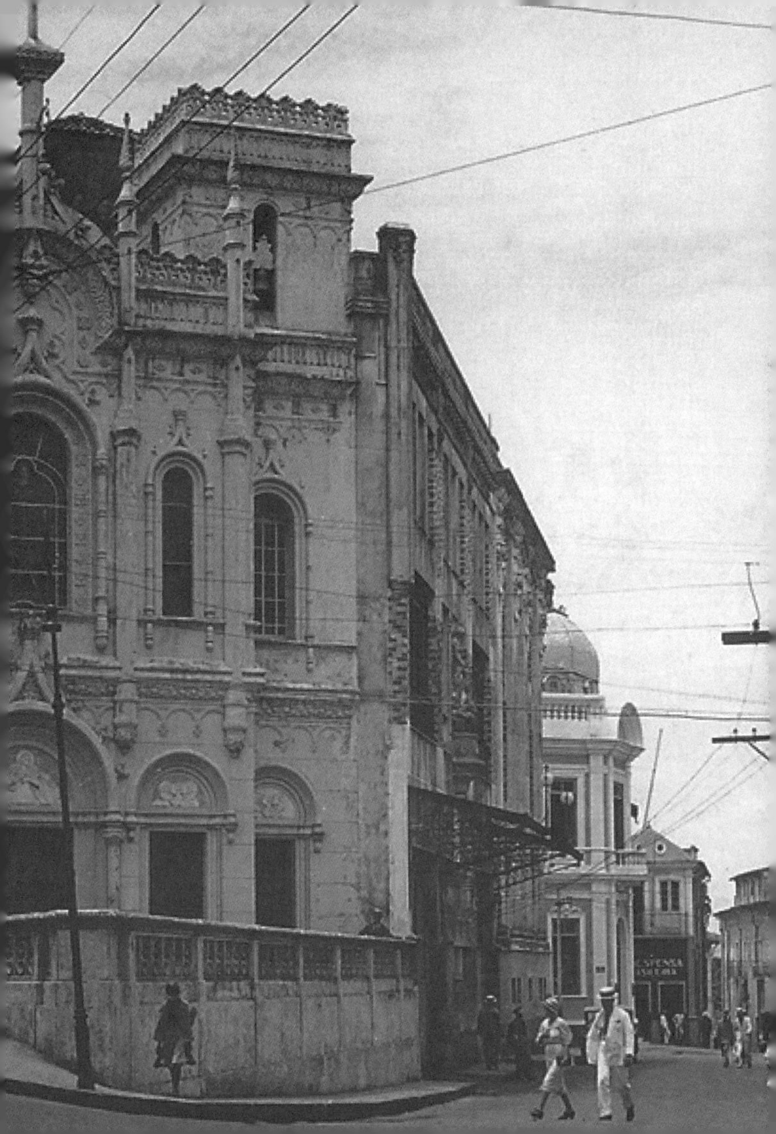

JESUÍTAS BRASIL

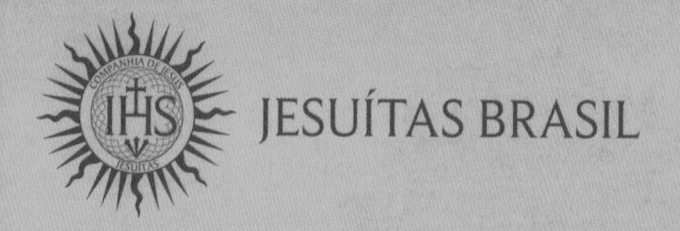

SENHOR JESUS,

**NÓS TE PEDIMOS
QUE A MUITOS ESCOLHAS E CHAMES,
QUE A MUITOS CHAMES E ENVIES,
CONFORME TUA VONTADE,
PARA TRABALHAR PELA IGREJA
EM TUA COMPANHIA.**

ORAÇÃO PELAS VOCAÇÕES
PE. NADAL, SJ (1556)

VOCAÇÕES JESUÍTAS

SER + PARA OS DEMAIS

WWW.JESUITASBRASIL.COM

Uma das missões dos jesuítas é ajudar os jovens na construção de seus projetos de vida e no discernimento vocacional.

Se você deseja conhecer mais sobre a Companhia de Jesus, entre em contato pelo e-mail **vocacao@jesuitasbrasil.org.br** ou pela página no Facebook **facebook.com/vocacoesjesuitas**

Escaneie este QR Code para acessar informações sobre as Vocações Jesuítas

MAGIS
BRASIL

COMPANHIA DE JESUS
IHS
JESUITAS

Edições Loyola

editoração impressão acabamento
rua 1822 nº 341
04216-000 são paulo sp
T 55 11 3385 8500/8501 · 2063 4275
www.loyola.com.br